BEI GRIN MACHT SICH IHR WISSEN BEZAHLT

- Wir veröffentlichen Ihre Hausarbeit, Bachelor- und Masterarbeit

- Ihr eigenes eBook und Buch - weltweit in allen wichtigen Shops

- Verdienen Sie an jedem Verkauf

Jetzt bei www.GRIN.com hochladen und kostenlos publizieren

Bibliografische Information der Deutschen Nationalbibliothek:

Die Deutsche Bibliothek verzeichnet diese Publikation in der Deutschen National-bibliografie; detaillierte bibliografische Daten sind im Internet über http://dnb.d-nb.de/ abrufbar.

Dieses Werk sowie alle darin enthaltenen einzelnen Beiträge und Abbildungen sind urheberrechtlich geschützt. Jede Verwertung, die nicht ausdrücklich vom Urheberrechtsschutz zugelassen ist, bedarf der vorherigen Zustimmung des Verlages. Das gilt insbesondere für Vervielfältigungen, Bearbeitungen, Übersetzungen, Mikroverfilmungen, Auswertungen durch Datenbanken und für die Einspeicherung und Verarbeitung in elektronische Systeme. Alle Rechte, auch die des auszugsweisen Nachdrucks, der fotomechanischen Wiedergabe (einschließlich Mikrokopie) sowie der Auswertung durch Datenbanken oder ähnliche Einrichtungen, vorbehalten.

Impressum:

Copyright © 2015 GRIN Verlag
Druck und Bindung: Books on Demand GmbH, Norderstedt Germany
ISBN: 9783668652798

Alessa Jaumann

Trainingsplanung zur Koordinations- und Beweglichkeitsverbesserung

Inkl. Beweglichkeitstest

GRIN Verlag

GRIN - Your knowledge has value

Der GRIN Verlag publiziert seit 1998 wissenschaftliche Arbeiten von Studenten, Hochschullehrern und anderen Akademikern als eBook und gedrucktes Buch. Die Verlagswebsite www.grin.com ist die ideale Plattform zur Veröffentlichung von Hausarbeiten, Abschlussarbeiten, wissenschaftlichen Aufsätzen, Dissertationen und Fachbüchern.

Besuchen Sie uns im Internet:

http://www.grin.com/

http://www.facebook.com/grincom

http://www.twitter.com/grin_com

Deutsche Hochschule für
Prävention und Gesundheitsmanagement
Hermann Neuberger Sportschule 3
66123 Saarbrücken

Einsendeaufgabe

Fachmodul: Trainingslehre 3

Studiengang: Bachelor of Arts Fitnesstraining

Datum
Präsenzphase: 06.07.15-08.07.15

Name, Vorname: Jaumann, Alessa

Studienort: **Frankfurt-Kelsterbach**

Semester: WS2013

1 Personendaten

1.1 Datensammlung

Tab.1 allgemeine Datensammlung der Person A (eigene Darstellung)

Parameter	Daten der Person A
Alter	39 Jahre
Geschlecht	männlich
Körpergröße	182cm
Körpergewicht	74 kg
Trainingsmotive	<ul><li>Verbesserung der Beweglichkeit</li><li>Verbesserung Koordination</li></ul>
Berufliche Tätigkeit	Fachangestellter für Bürokommunikation
Aktuelle sportliche Aktivität	<ul><li>2-3 × wöchentlich Kraftausdertraining seit einem halben Jahr -> Geübter</li></ul>
Frühere sportliche Aktivität	Handball, in der Jugend
Zeitlicher Verfügungsrahmen	2-3 mal wöchentlich, 1-1,5 Stunden
Aktueller Leistungsstand	Geübter Im Bereich Beweglichkeits- und Koordinationstraining: Anfänger

Tab.2: Ruhepuls und Blutdruck (eigen Darstellung)

Ruhepuls in Schlägen/Minute	69 Schläge pro Minute
Systolischer Blutdruckwert	122 mmHg
Diastolischer Blutdruckwert	79 mmHg

Tab.3 Darstellung Gesundheitszustand (eigene Darstellung)

Orthopädische Probleme	keine
Internistische Probleme	Keine
Einnahme von Medikamenten	Keine
Ärztliche Behandlungen	keine

1.2 Bewertung allgemeiner Daten auf Belastbarkeit bzw. Trainierbarkeit

Die zu testende Person besitzt einen Ruhepuls von 69 Schlägen/Minute, welcher sich im Normbereich zwischen 60 und 80 Schlägen/Minute ansiedelt (Israel&Eifler, 2014, S.150). Auch der Blutdruckwert von 122/79 mmHg wird nach der American Heart Association im Bereich der Normotonie als normal klassifiziert (Israel& Eifler, 2014, S.173). Person A besitzt keine gesundheitlichen Probleme, welche auf ein Beweglichkeitstraining Einfluss haben könnten. Er wird dementsprechend als voll belastbar und trainierbar eingestuft.

2   Beweglichkeitstestung

Die Beweglichkeitsdiagnostik geschieht über eine Messung der Gelenkbewegung, das maximale Ausmaß des Gelenkwinkels bzw. die maximale Gelenkamplitude wird über die Schmertoleranz des Kunden festgelegt. Die Schmerztoleranz ist individuell auslegbar wodurch diese Messverfahren lediglich semi-objektiv zu bewerten sind.

2.1   Testung der Brustmuskulatur (M. pectoralis major)

Tab.2:Testung und Normwerte zur Beurteilung der Beweglichkeit der Brustmuskulatur (Janda, 2000b, S.271)

Tetsung des M. pectoralis major	Der Kunde befindet sich in Rückenlage auf einer erhöhten Oberfläche (gegebenenfalls einer Behandlungsliege). Die Beine sind angewinkelt um das Becken zu fixieren und die Füße stehen im Kontakt mit der Auflagefläche. Das Becken muss während der Testung stets in Kontakt mit der Auflagefläche bleiben da eine Hyperlordose bzw. das Anheben des Beckens eine Verfälschung der Testergebnisse begünstigt. Das Anspannen der Bauchmuskulatur führt zusätzlich zu einer Stabilisation der LWS. Der zu testende Arm des Probanden führt im Schultergelenk sowohl eine Abduktion, als auch eine Außenrotation aus. Zu dem ist das Ellenbogengelenk im 90°- Winkel gebeugt. Als Messbereich wird die Position des Oberarmes zur Horizontalen bewertet (Janda, 2000b, S.270).
Stufe 0	Oberarm des Probanden erreicht Horizontale; Bewegung unter Horizontale durch Druck des Testers möglich; keine Beweglichkeitsdefizite
Stufe 1	Oberarm des Probanden erreicht Horizontale nicht; Bewegung in die Horizontale durch Druck des Testers möglich; leichte Beweglichkeitsdefizite
Stufe 2	Wenn der Oberarm des Probanden die Horizontale auch durch Druck des Testers nicht erreicht, liegen deutliche Beweglichkeitsdefizite vor

2.2   Testung der Hüftbeugemuskulatur (M. iliopsoas)

Tab.3.Testung und Normwerte zur Beurteilung der Beweglichkeit der Hüftbeugemuskulatur (Janda,2000, S.259)

Testung des M. iliopsoas	Der Kunde befindet sich in Rückenlage auf einer erhöhten Oberfläche (gegebenenfalls einer Behandlungsliege). Das Gesäß muss mit dem Rand der Auflagefläche abschließen, sodass sich die Beine im Überhang befinden. Ein Bein wird nun vom Kunden maximal weit zum Körper heran gezogen, während das andere im Überhang bleibt. Das Becken muss während der Testung stets in Kontakt mit der Auflagefläche bleiben da eine Hyperlordose bzw. das Anheben des Beckens eine Verfälschung der Testergebnisse begünstigt. Das Anspannen der Bauchmuskulatur führt zusätzlich zu einer Stabilisation der LWS. Als Messbereich wird die Position des Oberschenkels im Verhältnis zum Hüftbeugewinkel (Körperlängsachse) bewertet (Janda,2000b, S.258)
Stufe 1	Oberschenkel des Probanden erreicht Horizontale; Bewegung unter die Horizontale durch

	Druck des Testers; Keine Bewegungsdefizite
Stufe 2	Oberschenkel es Probanden erreicht Horizontale nicht; Bewegung in die Horizontale durch Druck des Tester; leichte Beweglichkeitsdefizite
Stufe 3	Oberschenkel erreicht Horizontale nicht, auch nicht durch Druck des Testers; deutliche Beweglichkeitsdefizite

2.3 Testung der Kniestreckmuskulatur (M. rectus femoris)

Tab.4: Testung und Normwerte zur Beurteilung der Beweglichkeit der Kniestreckmuskulatur (Janda,2000b,S.259)

Testung des M. rectus femoris	Der Kunde befindet sich in Rückenlage auf einer erhöhten Oberfläche (gegebenenfalls einer Behandlungsliege). Das Gesäß muss mit dem Rand der Auflagefläche abschließen, sodass sich die Beine im Überhang befinden. Ein Bein wird nun vom Kunden maximal weit zum Körper heran gezogen, während das andere im Überhang bleibt. Dieses Bein wird nun im maximal möglichen Hüftextensionswinkel vom Tester fixiert und durch diesen in einen maximal möglichen Kniebeugewinkel geführt. Das Becken muss während der Testung stets in Kontakt mit der Auflagefläche bleiben da eine Hyperlordose bzw. das Anheben des Beckens eine Verfälschung der Testergebnisse begünstigt. Das Anspannen der Bauchmuskulatur führt zusätzlich zu einer Stabilisation der LWS. Als Messbereich gilt der Kniebeugewinkel (Winkel zwischen Ober-und Unterschenkel) (Janda,2000b, 258)
Stufe 0	Unterschenkel des Probanden hängt senkrecht herab; Kniebeugenvergrößerung durch Druck des Testers; keine Beweglichkeitsdefizite
Stufe 1	Unterschenkel des Probanden leicht nach vorne gestreckt; 90°- Kniebeugewinkel wird durch Druck des Testers erreicht; leichte Beweglichkeitsdefizite
Stufe 2	Unterschenkel deutlich nach vorne gestreckt; 90° Winkel wird auch durch Tester nicht erreicht; deutliche Beweglichkeitsdefizite

2.4 Testung der Kniebeugemuskulatur (Mm. ischiocrurales)

Tab.5: Testung und Normwerte zur Beurteilung der Beweglichkeit der Kniebeugemuskulatur (Janda, 2000b, S.262)

Testung der Mm. ischiocrurales	Der Kunde befindet sich in Rückenlage auf einer erhöhten Oberfläche. Das nichtgetestete Bein befindet sich mit dem Fuß auf der Auflagefläche und ist im Hüft- und Kniegelenk gebeugt. Das zu testende Bein wird vom Tester fixiert (distale Hand am oberen Sprunggelenk, proximale Hand am Oberschenkel) und mit gestrecktem Bein in die maximale Hüftflexion geführt. Das Becken muss während der Testung stets in Kontakt mit der Auflagefläche bleiben da eine Hyperlordose bzw. das Anheben des Beckens eine Verfälschung der Testergebnisse begünstigt. Das Anspannen der Bauchmuskulatur führt zusätzlich zu einer Stabilisation der LWS. Das zu testende Bein muss unbedingt gestreckt, das Gegenbein unbedingt gebeugt bleiben. Messbereich bei dieser Testung ist der Hüftbeugewinkel (Janda, 2000b, S.261)
Stufe 0	90° Hüftgelenksflexion ist möglich; keine Beweglichkeitsdefizite
Stufe 1	Hüftflexionswinkel zwischen 80°-90°; leichte Beweglichkeitsdefizite
Stufe 2	Hüftflexion nur unter 80° möglich; deutliche Beweglichkeitsdefizite

2.5 Testung der Wadenmuskulatur (M. triceps suare)

Tab.6: Testung und Normwerte zur Beurteilung der Beweglichkeit der Wadenmuskulatur (Janda, 2000, S.255)

Testung des M. triceps surae	Der Kunde befindet sich in Rückenlage auf einer erhöhten Oberfläche. Das zu testende Bein ist gestreckt, während das nicht zu testende Bein mit dem Fuß auf der Unterlage steht. Das zu testende Bein ragt mit der distalen Hälfte über die Auflagefläche hinaus und wird mit einer Hand vom Tester distal am Fersenbein ergriffen, die andere Hand ergreift den Fuß von der Fußaußenkante. Hauptzug liegt auf der Ferse und es wird distalwärts gezogen. Mit dem Daumen der von außen greifenden Hand wird der Vorfuß leicht in Richtung Schienbein in die maximale Dorsalextension gedrückt. Der Druck mit dem Daumen sollte am Fußaußenrand erfolgen, da es sonst zu einer reflektorischen Anspannung des Mm. triceps surae kommen kann. Messbereich ist hier der Winkel zwischen Fuß und Unterschenkel. Die Testung des M. soleus ist ebenfalls möglich wenn bei maximaler Dorsalextension das Kniegelenk gebeugt wird und der Tester versucht diesen Bewegungsumfang zu vergrößern.(Janda,2000b,S.255)
Stufe 0	Dorsalextension bis 0°-Stellung möglich (90° zwischen Fuß und Unterschenkel); keine Beweglichkeitsdefizite
Stufe 1	0°-Stellung nicht möglich; Dorsalextension möglich ; leichte Beweglichkeitsdefizite
Stufe 2	Dorsalextension nur bis 10° unter 0°-Stellung; deutliche Beweglichkeitsdefizite

2.6 Bewertung der Testergebnisse

Tab.7: Testergebnisse Beweglichkeitstest (eigene Darstellung)

Getestete Muskulatur	Testergebnisse	
	Linke Seite	Rechte Seite
Brustmuskulatur (M. pectoralis major)	1	1
Hüftbeugemuskulatur (M. iliopsoas)	1	1
Kniestreckmuskulatur (M. rectus femoris)	0	0
Kniebeugemuskulatur (Mm. ischiocrurales)	0	0
Wadenmuskulatur (m. triceps surae)	0	0

Die Person A erreichte bei der Testung des M. pectoralis major die Stufe 1, da die vollständige Bewegung des Oberarms in die Horizontale nur durch Druck des Testers erfolgen konnte. Es liegen somit leichte Beweglichkeitsdefizite vor.

Auch bei der Testung des M. iliopsoas erreichte Person A Stufe 1. Die Bewegung des Oberschenkels in die Horizontale war nur durch Druck des Testers möglich. Auch hier liegen leichte Beweglichkeitsdefizite vor.

Bei der Testung des M. rectus femoris erreichte Person A Stufe 0. Der Unterschenkel hing senkrecht herab und die Kniebeugung konnte sogar vergrößert werden. Es liegen somit keine Beweglichkeitsdefizite vor.

Person A erreichte bei der Testung des M. ischiocrurales ebenfalls die Stufe 0. Eine 90° Hüftgelenksbeugung war ohne Hilfe des Testers möglich. Es liegen hier keine Beweglichkeitsdefizite vor.

Auch bei der Testung des M. triceps surae erreichte mein Proband die Stufe 0. Ein Winkel von 90° konnte zwischen Fuß und Unterschenkel hergestellt werden. Es liegen auch hier keine Beweglichkeitsdefizite vor.

Person A erreicht bis auf die Testungen der Brust- und Hüftbeugemuskulatur die Stufe 0. Die Beweglichkeitsdefizite in der besagten Muskulatur lassen sich auf vermehrte und monotone Beugehaltungen im Alltag (überwiegend sitzende Tätigkeit im Büro) oder durch einseitige muskuläre Beanspruchungen ergeben, zurückführen, wenn ausgleichende Dehnreize fehlen.

3 Trainingsplanung Beweglichkeitstraining

3.1 Dehnübungen

3.1.1 Dehnübungen im FIVE

Tab.8: Dehnübungen im FIVE-Konzept (eigene Darstellung)

Dehnübung	Bewegungsbeschreibung
Hip Mover (M. iliopsoas) (passiv statisch)	Platzierung im FIVE-Gerät: Hüftbreit; Knie liegen an Polster an; Becken nach vorne schieben; Arme überkreuzt vor Brust; Kinn zur Brust; Oberkörper nach hinten ablegen; Nur Schulterblätter berühren Auflagefläche (siehe Anhang Abb. 1)
Chest Mover (M. pectoralis major, M. latissimus dorsi) (passiv statisch)	Platzierung im FIVE-Gerät: Hüftbreit; Knie liegen an Polster an; Becken nach vorne schieben; Arme gestreckt seitlich an Ohren vorbei; Schulterblätter auf Polster auflegen; Kinn Richtung Brust; Gegenbewegung (siehe Anhang Abb. 2, Abb.3)
Glut Mover (gesamte Gesäßmuskulatur) (passiv dynamisch)	Platzierung im FIVE- Gerät: Stabiler Stand; Fuß fest am Boden; ein Bein auf Polster auflegen; Unterschenkel parallel zu Oberkörper; durch Druck aus dem Becken Polster nach vorne schieben (siehe Anhang Abb.4)

Stein Mover (gesamte Beinrückseite + Fuß-muskulatur) (passiv statisch)	<u>Platzierung im FIVE-Gerät:</u> Zehen „krallen" sich an Stein fest; Fersen tief; an Stangen herunter wandern; Fersen bleiben tief; Rücken gerade (siehe Anhang Abb.5)
Spagat (M.ischiocrurales; M. iliopsoas) (postisometrisch)	<u>Platzierung im FIVE-Gerät:</u> Ein Bein auf unbeweglichem Polster; Gegenbein auf beweglichem Polster; bewegliches Polster nach vorne schieben cs. 6-10 Sec. isometrische Kontraktion der Zielmuskulatur; Entspannung der Zielmuskulatur; Einnehmen der Dehnposition (Polster weiter vor schieben) für ca. 10-20 Sek. Systematischer Wechsel zwischen An- und Entspannung über ca. 60 Sel. (siehe Anhang Abb.6,Abb.7, Abb.8)

3.1.2 Dehnübungen für Daheim oder im Beruf

Tab.9: Dehnübungen für Daheim oder im Beruf (eigene Darstellung)

Dehnübung	Bewegungsbeschreibung
M. trapezius, pars descendens (aktiv statisch)	Stabiler, aufrechter und hüftbreiter Stand; Knie leicht angewinkelt; physiologische Rückenhaltung; Kopf in Verlängerung der Wirbelsäule; Becken fixiert Anspannung der Rumpfmuskulatur; Kopf maximal möglich zur Seite neigen; Aktiv Dehnposition einnehmen durch aktives Herunterziehen der Schulter des kontralateralen Armes
M. pectoralis major (aktiv dynamisch)	Aufrechter, stabiler und hüftbreiter Stand; Knie leicht gebeugt; Rücken physiologischer Haltung; Kopf in Verlängerung der Wirbelsäule; Beide Arme seitlich auf Schulterblatthöhe abduzieren; Ellenbogengelenk 90° gebeugt; Dehnposition dynamisch einnehmen durch Zusammenführen der Schulterblätter (Retraktion im Schultergelenk); Dehnposition wieder verlassen; Wiederholung
M.iliopsoas (passiv statisch)	Feste Auflagefläche; großer Ausfallschritt; gerader Rücken; Knie des hinteren Beines zur Stabilisierung auf Boden ablegen; Becken nach vorne unten schieben; Dehnung im Hüftbeuger des hinteren Beines
M. quadriceps femoris (aktiv statisch)	Aufrechter, stabiler und Hüftbreiter Stand; Füße parallel nach vorne; physiologische Rückenhaltung; Kopf in Verlängerung der Wirbelsäule; Mit der Hand ein Bein am Unterschenkel fassen; Ferse maximal zum Gesäß ran ziehen; Dehnposition aktiv einnehmen durch Streckung und nach vorne schieben der Hüfte; Oberschenkel parallel; gedehntes Knie vertikal nach unten
Mm. ischiocrurales (passiv statisch)	Stabiler, aufrechter und hüftbreiter Stand; physiologische Rückenhaltung; Kopf in Verlängerung der Wirbelsäule; Ein Bein gestreckt nach vorne; mit Ferse aufsetzen; Standbein leicht gebeugt; Händestützen auf Standbein ab; Durch Kippung des Oberkörpers bzw. Schieben der Hüfte nach hinten Dehnung in der ischiocruralen Muskulatur

3.2 Begründung Beweglichkeitstraining

Tab.10: Belastungsgefüge des Dehnprogrammes (eigene Darstellung)

Dehnmethode	statisch	dynamisch
Trainingshäufigkeit/Woche	2-3 × pro Woche	2-3× pro Woche
Sätze/Serien pro Übung	3-5 Wiederholungen	3-5 Serien
Dehndauer	Bis 45 sec.	Bis 45 sec.
Dehnintensität	Submaximal-maximal (spürbares Dehngefühl ohne Schmerz)	Submaximal-maximal (spürbares Dehngefühl ohne Schmerz)

Für Person A wurde sich ein Split-Beweglichkeitsprogramm ausgedacht. Aufgrund des zeitlichen Verfügungsrahmens des Probanden von 1 – 1,5 wurde das Programm mit einer Einheit direkt nach dem Krafttraining und einer weiteren Einheit entweder auf der Arbeit oder Daheim aufgeteilt. Es wurde sich für jeweils 5 Übungen entschieden um den vorgegebenen zeitlichen Verfügungsrahmen des Kunden nicht zu überschreiten. Für das Beweglichkeitstraining nach den Krafttrainingseinheiten wurden 5 Übungen aus dem FIVE-Rücken- und Beweglichkeitskonzept gewählt. Dieses ist direkt im Studio vorhanden und kann von Kunden genutzt werden. Die Übungen mit dem FIVE- Konzept wurden ausgewählt um den Körper des Kunden gegen seine Gewohnheiten (Sitzen) zu strecken und zu trainieren. FIVE trainiert alle Bewegungsabläufe des biologischen Systems. Es werden nicht nur einzelne Muskeln aufgedehnt, sondern gleich ganze Muskelketten. Als übergeordnete Dehnmethode wurde die „statische" Dehnmethode gewählt, da es sich bei dem getesteten Kunden um einen Anfänger und die kontrollierte Ausführung des statischen Dehnens eine geringere Verletzungsgefahr mit sich bringt. Durch das langsame Weiterdehnen während der statischen Dehnung wird die Aktivierung der Muskelspindel umgangen (Töpper&Vogt, 2007, S.69) und somit die Empfindlichkeit der Dehnrezeptoren (Muskelspindeln) positiv beeinflusst (Grosser, Starischka & Zimmermann, 1998, S.171). Die Dehnmethoden „aktiv-Dynamisch" und „passiv-Statisch" wurden rein zur Erfüllung der Aufgabe mit eingebunden. Die postisometrische Dehnmethode wurde für die ischiocrurale Muskulatur ausgewählt, da der Proband dort keinerlei Beweglichkeitsdefizite aufweist. Bei der postisometrischen Dehnung kann der Muskel leichter gedehnt werden, da die Muskelaktivität reduziert ist und keine Gegenspannung aufgebaut wird. Auch hier wird die Empfindlichkeit der Muskelspindeln positiv beeinflusst, was sich günstig auf die Dehnbarkeit der Muskulatur auswirkt (Grosser,Starischka & Zimmermann,1998, S.171)„Die Veränderung der Bewegungsreichweite mit maximaler Intensität unterscheidet sich allerdings statistisch bedeutsam von der Veränderung nach 15 Wiederholungen mit submaximaler Intensität (…) Die maximale Bewegungsreichweite verschiebt sich dagegen über die 15 Wiederholungen der Trainingsserie bedeutsam (…) Und erreicht mit 6,24° als Differenz zwischen erster und fünfzehnter Wiederholung nahezu den gleichen Differenzwert wie zwischen vor und Nachtest" (Marschall, 1999, S.8) Für den Proband wurde demnach eine sich zwischen submaximaler und maximaler befindenden Dehnintensität entscheiden. Der Proband soll eine möglichst hohe Dehnspannung erlangen, eine maximal tolerierbare Schmerzgrenze sollte aus pädagogischer Sicht nicht angestrebt werden (Thienes,208, S.168; Eifler,2014, S.60f)

Die Wiederholungszahl wurde zwischen 3-5 festgelegt. Nach Glück, Schwarz, Hoffmann und Wydra (2002, s.66-71) hat man bei den ersten Wiederholung die größten Erfolge bei Verbesserung der Bewegungsreichweite. Der Zugewinn reduziert sich jedoch von Wiederholung zu Wiederholung sodass nach ca. 4 bis 5 Wiederholungen nur noch zu minimalen Zuwächsen kommt. Diese Wiederholungszahl wird somit als ausreichend für ein allgemeines Training angesehen. Eine Dehndauer von bis zu 45 Sekunden ,sowohl bei statischer ,als auch bei dynamischer Dehnung ist zur Verbesserung der Beweglichkeit sinnvoll; eine längere Dehndauer bringt keinen signifikanten Mehreffekt und ist somit nicht notwendig (Eifler,2014, S.59)

4 Trainingsplanung Koordinationstraining

4.1 Koordinationsübungen

Tab.11: Koordinationsübungen (eigene Darstellung)

Koordinationsübung	Bewegungsbeschreibung
Zehen- und Fersenstand	Hüftbreiter,stabiler und aufrechter Stand; minimal gebeugte Knie; abwechselnd auf die Zehenspitzen, dann auf die Hacken stehen; Variation mit BalancePad
Anfersen	Auf der Stelle laufen; in kleinschrittigen Trab auf Ballen übergehen; Knie stabil halten und Unterschenkel gelegentlich beugen; dabei kann Ferse an Gesäß schlagen: Variation auf BalancePad
Einbeinstand auf BalancePad	Stabil, aufrechter Stand; Ein Bein mittig auf BalancePad stellen; anderes Bein anwinkeln und abheben; Standbein leicht gebeugt; Augen erst geöffnet, dann schließen
Standwaage auf BalancePad	Ein Bein stabil auf BalancePad platzieren; Verlagerung aus dem einbeinigen Stand in die Horizontale; freies Bein wird als Gegengewicht nach hinten gestreckt; Standbein leicht gebeugt; anderes Bein in Verlängerung des Oberkörpers; Blickrichtung zum Boden; Arme seitlich zur Unterstützung wegstrecken
Ball übergeben auf Therapiekreisel	Stabiler, aufrechter und hüftbreiter Stand auf Therapiekreisel; Arme seitlich vom Körper ausge-

	streckt; Handflächen zeigen nach oben; Ball befindet sich in einer Hand; wird über Kopf in die andere Hand gegeben; Arme wieder in Ausgangsposition
Stand auf Aero-Step® mit Physic-Tube	Im Stand auf dem Aero-Step®; axiale Aufrichtung; auf das Physic-Tube stellen und über Kreuz fassen. Arme beugen und strecken, dabei einatmen
Flexibal® vertikal	Aufrechter, stabiler und hüftbreiter Stand; Knie leicht gebeugt; FlexiBar® wird vertikal an der Grifffläche gegriffen; Hände ineinander falten und Schwung aus den Handgelenken bringen
Flexibar® über Kopf	Aufrechter, stabiler und hüftbreiter Stand; Knie leicht gebeugt; FlexiBar® wird über Kopf an der Grifffläche gefasst; Ellenbogen seitlich an den Ohren vorbei; Schwung aus den Handgelenken bringen
Flexibar® Kniebeuge	Aufrechter, stabiler und hüftbreiter Stand; Kniebeugenposition; Gesäß nach hinten schieben, Oberkörper leicht nach vorne gebeugt; FlexiBar® wird über Kopf an der Grifffläche gefasst; Ellenbogen seitlich an den Ohren vorbei; Schwung aus den Handgelenken bringen

4.2 Begründung Koordinationstraining

Tab.12: Belastungsgefüge Koordinationstraining (eigene Darstellung)

Trainingshäufigkeit	3×pro Woche
Sätze pro Übung/ Wiederholungen	2 Sätze/ 5-30 Wiederholungen
Satzpausen	30 Sekunden
Belastungsdauer	20 Minuten

Person A ist im Bereich Koordinationstraining ein Anfänger. Das Koordinationstraining sollte immer im ausgeruhten Zustand ausgeführt werden, da sich die Koordination bei steigender Ermüdung verschlechtert und somit die Konzentration abnimmt. Die Trainingshäufigkeit beträgt 3 mal wöchentlich, da dies dem zeitlichen Verfügungsrahmen des Kunden entspricht. Die Trainingsdauer hängt von der Wahl der Übung, der Zielsetzung und natürlich dem Befinden des Übenden ab. Es kann zwischen 5 bis 20 Minuten dauern (Häfelinger & Schuba,2004,S.73). Die Pausendauer kann zwischen 10 Sekunden bis 2 Minuten betragen, da es sich bei den Übungen jedoch um geringe koordinativ anspruchsvolle Übungen handelt, wurde eine Pausendauer von 30 Sekunden gewählt. Die Wiederholungszahl wurde zwischen 5 und 30 angelegt. Die Wiederholungszahlen sind dem Probanden selbst überlassen, da manche Übungen häufiger, andere eher seltener wiederholt werden können. Wichtig ist jedoch die korrekte Bewegungsausführung bei jeder Wiederholung. Sobald die Konzentration nachlässt und diese nicht mehr gegeben ist, wird die Übung beendet (Häfelinger& Schuba,2004 S.73). Die Satzzahl sollte 2 Sätze pro Übung nicht Überschreiten, da sonst die Belastungsdauer von 20 Minuten bei 10 Übungen nicht eingehalten werden kann.

Alle Übungen sollen und können barfuß ausgeführt werden. Die Aufnahme der Reize, reflektorische Muskelreaktion vor allem in den Füßen (Fußrezeptoren) und die Weiterleitung von Informationen wird somit begünstigt

5 Literaturrecherche

Literaturrecherche zum Thema Effekte des Dehnens auf die Bewegungsreichweite bzw. die Dehnungsspannung

Tab.13 Darstellung Literaturrecherche 1 (eigene Darstellung)

Wer hat die Studie durchgeführt?	Glück, S., Schwarz, M., Hoffmann, U., Wydra,G.
In welchem Jahr wurde die Studie publiziert?	2002
Mit welchen Versuchspersonen wurde die Studie durchgeführt?	27 Sportstudenten; Ausschlusskriterium waren Sportarten mit überdurchschnittlich hohen Beweglichkeitsanteilen wie Turnen, Akrobatik oder Rhythmische Sportgymnastik. Aufgeteilt waren die 27 Versuchspersonen in 16 männliche und 11 weibliche. Durchschnittsalter der Männer beträgt 25,4 Jahre, das Durchschnittsgewicht 72,6kg und die Durchschnittsgröße 178,60 cm. Bei den weiblichen Probanden ist das Durchschnittsalter 24,1 Jahre, das Durchschnittsgewicht 60,4kg und die Durchschnittsgröße 171,30cm.
Wie sah der Versuchsaufbau der Studie aus?	Die Sportstudenten wurden in 3 Gruppen aufgeteilt. Die erste Woche galt als Gewöhnungsphase an die verschiedenen Testformen. Getestet wurde die ischiocrurale Muskulatur mit den Durchführungsformen

der direkten Eigendehnung, der indirekten Eigendehnung und der indirekten Fremddehnung. Nach der Gewöhnungswoche erfolgte eine Woche Pause, danach die dreiwöchige Testphase. Testzeitraum betrug 5 Wochen. Am Vortag jedes Testtermins dufte keine körperliche schwere Belastung erfolgen. Test 1: direkte Eigendehnung über einen Seilzug. Test 2: indirekte Eigendehnung über das Bedienen eines Elektromotors. Test 3: indirekte Fremddehnung durch Testleiter mit Hilfe des Elektromotors. Parameter die bei jedem Test erfasst wurden waren, die Zugkraft bei konstantem Winkel, die Muskelaktivität des M. biceps femoris und die max. Bewegungsreichweite. Die Bewegungsreichweite wurde an der Schmerzgrenze durch ein dreidimensionales Bewegungsanalysesystem erfasst. Testdurchführung: Vor jedem Test wurde sich 5 Minuten auf dem Fahrradergometer bei 1,5 Watt kg Körpergewicht erwärmt. Das Testbein wurde nach Fixierung in der Rückenlage 15 mal nacheinander in die max. Dehnposition und sofort wieder zum Ausgangswinkel von 45° bewegt. Die maximale Bewegungsreichweite wurde in der maximalen Dehnposition bestimmt, d.h 15 Einzelmessungen der drei Durchführungsformen

| **Welche relevanten Ergebnisse und Schlussfolgerungen lieferte die Studie?** | Ergebnisse wurden anhand von Mittelwerten der 1. bis zu 15. Messung dargestellt Mittelwert ± Standardabweichung Direkte Eigendehnung: 110.7°± 12,5 |

Indirekte Eigendehnung: $105,7° \pm 12,2$

Indirekte Fremddehnung: $105,4° \pm 12,2$

Die maximale Bewegungsreichweite ist bei der direkten Eigendehnung um 5% höher als bei der indirekten Eigendehnung sowie bei der indirekten Fremddehnung. Ursache hierfür können nach Glück et al. (2002, S.5) aus dem sensomotorischen Feedback sowohl aus der zu dehnenden, als auch der zur Dehnung eingesetzten Muskulatur entstehen.

Tab.14: Darstellung Literaturrecherche 2 (eigene Darstellung)

Wer hat die Studie durchgeführt?	Marschall, F.
In welchem Jahr wurde die Studie publiziert?	1999
Mit welchen Versuchspersonen wurde die Studie durchgeführt?	21 Sportstudenten. Unterteilung in 12 männliche und 9 weibliche Personen. Durchschnittsalter aller Probanden beträgt 24,8 Jahre, die Durchschnittsgröße 172,90cm und das Durchschnittsgewicht 66,6kg.
Wie sah der Versuchsaufbau der Studie aus?	Zufällige Einteilung in 2 Gruppen. Unterschied in den Intensitätsstufen. Gruppe 1 dehnte nach der Intensitätsstufe „weiches Dehnen" während Gruppe nach der Intensitätsstufe „maximales Dehnen" vorging. Es erfolgte ein Eingewöhnungstest zur Erfassung der maximalen Dehnung. Es erfolgte eine spezifische Erwärmung auf den Fahrradergometer bei 1,5 Watt kg Körpergewicht, anschließend wurde die maximale Dehnung durch eine standardi-

sierte Kniegelenksbeugung erfasst. Aus der Neutral-0-Position des Hüftgelenks wurden jeweils 15 Wiederholungen ohne Pause bis zur jeweiligen Dehngrenze ausgeübt. Bei Gruppe 1 bis zur „weichen Dehngrenze" bei Gruppe 2 bis zur „maximalen Dehngrenze"

Welche relevanten Ergebnisse und Schlussfolgerungen lieferte die Studie?

Ergebnisse wurden anhand von Mittelwerten der 1. bis zu 15. Wiederholung dargestellt. Differenz zwischen Vor- und Nachtest beträgt im Durchschnitt 3,29 ±4,53° beim „ weichen Dehnen" und 7,24 ± 4,19° bei maximaler Intensität. Zu sagen ist, dass beide Intensitätsstufen kurzfristig zu einer Verbesserung der Bewegungsreichweite führen. Statistisch gesehen unterscheidet sich die Veränderung der Bewegungsreichweite bei maximaler Intensität signifikant, als die Veränderung der Bewegungsreichweite bei submaximaler Intensität (Marschall, 1999, S.7).

6 Literaturverzeichnis

Eifler, C.(2014). *Studienbrief Trainingslehre 3- Gesundheitsorientiertes Beweglichkeits- und Koordinationstraining.* Saarbrücken: Deutsche Hochschule für Prävention und Gesundheitsmanagement

Glück, S., Schwarz, M., Hoffmann, U., & Wydra, G. (2002). Bewegungsreichweite, Zugkraft und Muskelaktivität bei eigen- bzw. fremdregulierter Dehnung. *Deutsche Zeitschrift für Sportmedizin,*53 (1), 66-71

Grosser, M., Starischka, S. & Zimmermann, E. (1998) Das neue Koordinationstraining- *Grundlangen, Methoden, Leistungssteuerung, Übungen, Trainingsprogramme.* 11 neu bearbeitete Auflage. München: BLV Buchverlag GmbH & Co.K.G

Häfelinger, U. & Schuba, V. (2004). *Koordinationstherapie- Propriozeptives Training.* 2. Auflage. Aachen: Meyer & Meyer

Israel, S: & Eifler,C. (2014). *Studienbrief Medizinische Grundlagen.* Saarbrücken: Deutsche Hochschule für Prävention und Gesundheitsmanagement

Janda, V. (2000). Manuelle Muskelfunktionsdiagnostik.12.Auflage. München: Urban &Fischer

Marschall, F. (1999). Wie beeinflussen unterschiedliche Dehnintensitäten die Veränderung der Dehnungsreichweite?. Deutsche Zeitschrift für Sportmedizin, 50 (1)

Sampel, K., Stolz, V. & Zisch, B. (SS2007) Spezielle Haltungsprophylaxe Zugriff am 18.07.2017 verfügbar unter http://sport1.uibk.ac.at/lehre/lehrbeauftragte/Huber%20Reinhard/Dehnen_%DCbungen.pdf

Töpper, A. & Vogt, L. (2007) Sport in der Prävention. *Handbuch für Übungsleiter, Sportlehrer, Physiotherapeuten und Trainer.* In Kooperation mit dem deutschen Olympischen Sportbund. 3. vollständig überarbeitete und erweiterte Auflage. Köln: Deutscher Ärzte Verlag

7 Abbildungs- und Tabellenverzeichnis

7.1 Abbildungsverzeichnis

7.2 Tabellenverzeichnis

8 Anhang

Abb.1: Hip Mover im FIVE

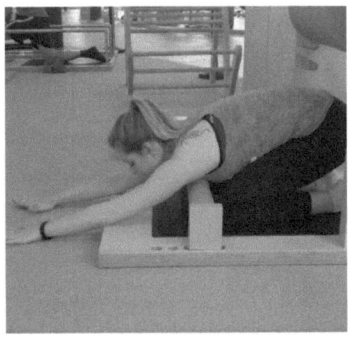

Abb.2:Chest Mover im FIVE   Abb.3: Gegenbewegung Chest Mover im FIVE

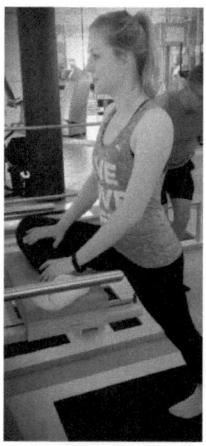

Abb.4: Glut- Mover im FIVE

Abb.5: Stein-Mover im FIVE

Abb.6: isometrische Kontraktion   Abb.7: Entspannungsposition   Abb.8: Dehnposition Spagat

BEI GRIN MACHT SICH IHR WISSEN BEZAHLT

- Wir veröffentlichen Ihre Hausarbeit,
  Bachelor- und Masterarbeit

- Ihr eigenes eBook und Buch -
  weltweit in allen wichtigen Shops

- Verdienen Sie an jedem Verkauf

Jetzt bei www.GRIN.com hochladen und kostenlos publizieren